ARE YOU Happy Activity Book

M L Rusciak

Trient Press
3375 S Rainbow Blvd #81710, SMB 13135
Las Vegas,NV 89180

Ordering Information:
Quantity sales. Special discounts are available on quantity purchases by corporations, associations, and others. For details, contact the publisher at the address above.
Orders by U.S. trade bookstores and wholesalers. Please contact
Trient Press:
Tel: (775) 996-3844; or visit www.trientpress.com.
Printed in the United States of America Publisher's Cataloging-in-Publication data
Ruscsak, M.L.
A title of a book : Are You Happy , Activity book
ISBN
Paperback 978-1-955198-61-5

Self-care

checklist

- [ ] get enough sleep
- [ ] listen to a podcast
- [ ] take a break from social media
- [ ] watch your favourite movie
- [ ] plan your day
- [ ] take your vitamins
- [ ] spend time outside
- [ ] read a new book
- [ ] learn to meditate
- [ ] let yourself dream

30 DAY
Self-Care Challenge

DAY 1	DAY 2	DAY 3	DAY 4	DAY 5
Start a gratitude journal	Learn to meditate	Spend the day social media free	Call someone you love	Take a 15 minute walk outdoors
DAY 6	**DAY 7**	**DAY 8**	**DAY 9**	**DAY 10**
Listen to a podcast	Learn to cook a new recipe	Stretch for 10-15 minutes	Listen to your favorite song	Practice deep breathing
DAY 11	**DAY 12**	**DAY 13**	**DAY 14**	**DAY 15**
Try a free online workout	Read a book for 15 minutes	Write a list of short-term goals	De-clutter a room or desk	Go to bed 30 minutes earlier
DAY 16	**DAY 17**	**DAY 18**	**DAY 19**	**DAY 20**
Have a game night	Wake up 15 minutes earlier	Make your favorite meal	Buy yourself something nice	Create a bucket list
DAY 21	**DAY 22**	**DAY 23**	**DAY 24**	**DAY 25**
Watch a movie or series	Write down your thoughts	Take a long shower or bath	Have a home spa day	Read inspirational quotes
DAY 26	**DAY 27**	**DAY 28**	**DAY 29**	**DAY 30**
Create a vision board	Spend some time outside	Do a hair mask	Write it all down in a journal	Take a power nap

Feline Creative

Explore Creativity

YOU ARE
A-MAZE-ING

start

end

SYMMETRY

Use the grid to help you draw the other side of the animal's face, then add some color.

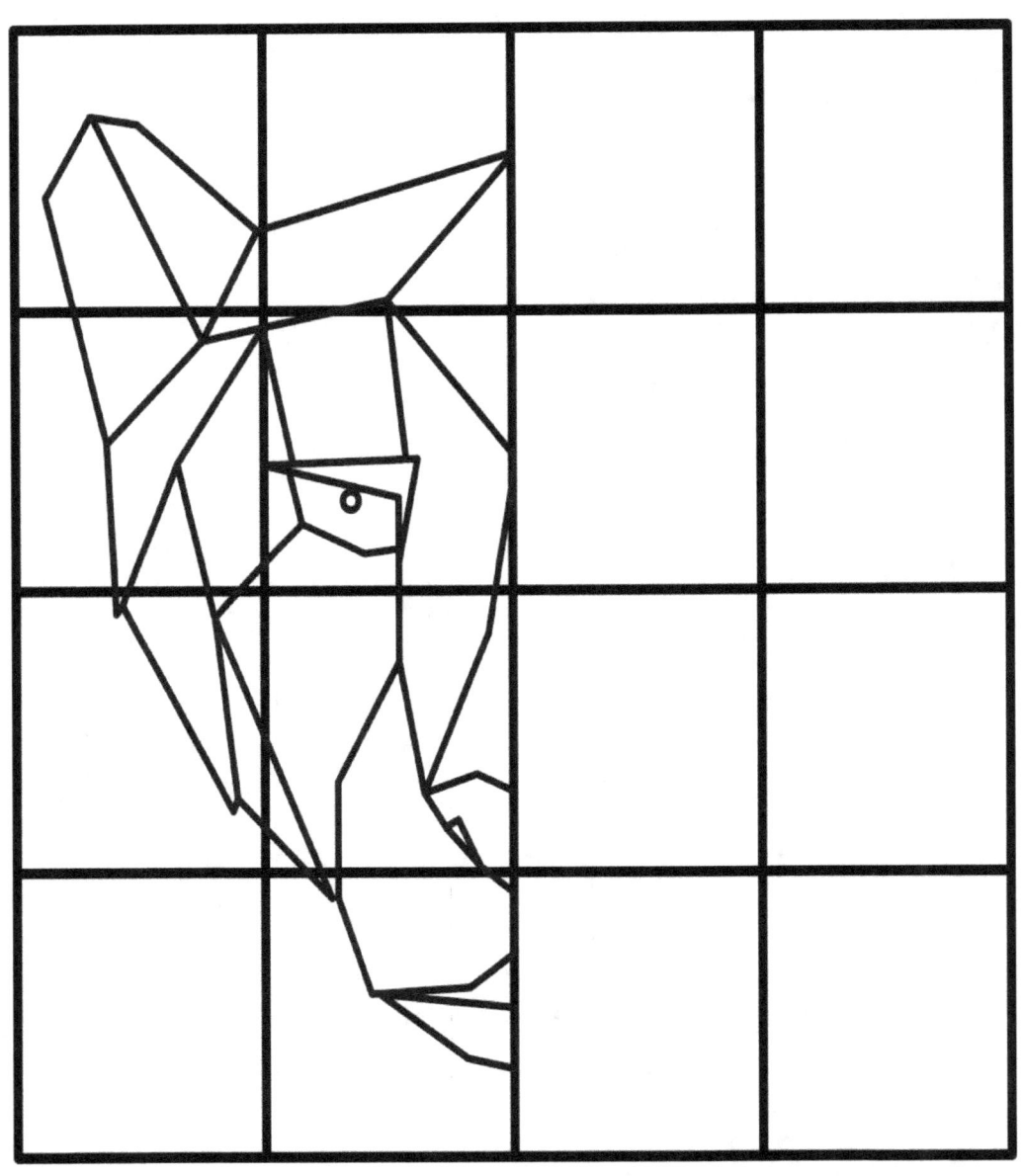

GROWTH MINDSET

Flip your thinking! Complete the speech bubbles:

Instead of: **Say:**

This is too hard!
I give up.

I can't do this!

I'm no good at this!

CRACK THE CODE

Use the key below to help you crack the code!

a	b	c	d	e	f	g	h	i	j	k	l	m
1	2	3	4	5	6	7	8	9	10	11	12	13
n	o	p	q	r	s	t	u	v	w	x	y	z
14	15	16	17	18	19	20	21	22	23	24	25	26

9		1	13		23	15	18	20	8	25

9		1	13		22	1	12	21	5	4

9		1	13		12	15	22	5	4

9		1	13		2	18	1	22	5

9		1	13		5	14	15	21	7	8

CONTINUOUS ART

Continuous line drawing is art created without lifting the drawing tool off the paper and creating an image using one consistent line.

Draw an animal using this method:

I AM
WORTHY

I AM
VALUED

I AM
IMPORTANT

I AM
SPECIAL

I AM
CAPABLE

I AM
FRIENDLY

I AM
BRAVE

I AM
HONEST

I AM
GRATEFUL

I AM
UNIQUE

I AM
EMPOWERED

I AM
SUCCESSFUL

I AM
ENOUGH

I AM ME

HOW CAN I PRACTICE MORE SELF LOVE?

SET A GOAL

WRITE A LOVE LETTER

GROOVE

ROLL A JOINT

SELF PLEASURE

BREATHE

GET IN NATURE

DRINK MORE WATER

MEDITATE

PRAY

```
S L Y J T K L P H D H E U K A D Q B K U G V Q M
V O B Z M F J E T Y W K F S Z W R P F O L X J K
V B A I I Y W A E R M P U E R D Y R N Z Q L D C
Z M T D Q P S O B O O M L L O E R Z R L P I D V
N U H U K V D X G L E H N F B H X Y F Z E Q R A
W Z L N S W F E E L J L O P M I B J I M D V I P
R Q H A N A N B T A F J J L G H H L C C A K N N
N X J S M M G P I J R N O E W O L A K T O Q K U
R I H J N R R H N O K C L A R R T J W S M M M U
Y C L S F C O O N I Q O I S I N C N I E E H O I
P C S J U G O Y A N X M Y U T C X P N T D Q R K
P D U U Q K V P T T T F E R E S H O O A I A E R
R J K R O M E H U I L H B E A A Y Z K G T H W T
A J P Q X J I O R M C Q I K L X N O L O A A A E
Y R X Q I U T U E B X I D J O S Q F I A T Z T E
E K Q B R E A T H E U Z N T V O Z I C L E G E L
U A W Z A F U Q Y R H W Z M E L V U B Y A Z R F
F G M O E K R J W D N D U A L K N Z B G J S E G
G T S S O H I P G U P F H O E B Z I C G M V A G
B W G T N K V W H I D F Q C T O C Z H O O G I K
I V Z X F K X E G E W D Q F T M G E C Q D E X E
L A I H S E R N S B P F Q G E R Q G B H N A N Z
H O L U Q X C H N M W A Q Q R O U X S M U V Z V
S J Q J P W W C E X L B I W X Z J E G R D Z Q X
```

Self Love

```
V W V Z T D X G O G U T W R A B S I Z V G T L A
V O K A O E N T R O X V E M D Y E E C R N Z Y S
B B H Q B S X J E O U V R J I R S A L G E D K P
C S H R V S W P N H W V V F P R A U U F M X L L
S G J S Z E E T G H I T I W H G E V V T L K I I
T R M V S L V P Z N J J H Q K U L Z M J I O H Z
Q F P D Z B E C U B I J X C G B E S E H O F V C
E S E U A V I P M N G Z N F M D R Y C Z S V U E
M R J S O Z L O Y N C J A A A L Z C V X Q L S L
Z O O V T B E U O S F A H M M E Z T R M T A D C
L W X I U L B R Y P L I H P A A T E R S A H L A
Z P K Z D E T I Q S C G U C J D W S D O Z C W B
U N G Z B S Q I U O V S W V W E B D H A W M X I
O L W X F U N V E L H M L N T R J N W Y L U Z N
U Y O G F V F S C F O X W B R S Z I M L N F Y C
L J V V Z W A H N Q M J P Z F H X M X S C D S R
B F H O E V U W E B H N J O P I F L T P D B U E
Y L J F Z D W Q D L M Q O F S P L O K C X K S A
W O V E Z T O A I H I N G V A S P U G X V L U S
N F J U Z K R U F T V J M R P P V M Y O O F E E
Z Z A D C P T C N I Y J L V A W D V E B U W L J
I J R G S Z H P O A A Y U B D H K G E S O L G X
T X J W M U Y N C F Y Z L N C L A H V X P V W P
A Q C K H G U O N E D E M V U M N O V T H Z D E
```

Unstoppable	Confidence	Leadership
Beautiful	Self Love	Increase
Amazing	Believe	Blessed
Mindset	Release	Enough
Growth	Strong	Worthy
Faith	Loved	Push

Determined Inspirations

Across

2. This woman boarded a segregated Montogmery Alabama bus in 1955 and helped kick off the Civil Rights Movement in the U.S. (first and last name).

4. This American comedian grew up in foster care and suffered many early childhood hardships. This person gained fame for their role on The Carmichael Show and in the movie "Girls Trip." (Last name)

6. This famous horror author went on to be world renowned despite being rejected by several publishers. Works include "Thinner" and "Carrie." (last name)

7. This female, japanese painter has gained recognition while alive and continues to make famous works today. She is known for her use of dots and sculpture installations. She has battled sexism and mental illness in the art industry and perserves regardless (last name).

9. This talented actor was the lead in the 2018 film "Black Panther." This actor braved cancer and is nationally loved by so many (first name).

10. One of the most famous women who ever lived, this person was the first female pilot to fiy across the Atlantic (last name).

Down

1. Born in Zanzibar, this famous rock singer became legendary due despite facing language barriers in his early childhood. His music still lives on today and his net worth is said to be over 100 million dollars (first and last name)

3. Talented American baseball player that was born without his right hand (first and last name).

5. This person was an Austiran born American actress, known for inventing a frequency hopping technique that changed radio communication (first and last name)

8. This person wrote under a pseudonym to talk about girls' education in Afghanistan. A gunman boarded her school bus and shot her three times. She survived and became world renown advocating for women's education (first name)

Inspirational

Across
1. Charish
3. Dream
4. Encourage
7. Pray
8. Joy
12. Respect
14. Courage
15. Smile
18. Faith

19. Beautiful
21. Blessed
23. Patience
Down
2. Laugh
5. Heart
6. Happiness
9. Hope
10. Trust
11. Amazing

13. God
16. Lead
17. Believe
20. Jesus
22. Love

Inspiration

Across

2. trying something new
5. on holidays and birthdays this is done
7. Sad, happy, scared, fearful, nervous
8. the general desire or willingness of someone to do something
9. going for coffee, heading out for a drink, meeting up for a dinner
10. people who you are close to

Down

1. Smiles, Laughs, and good vibes
3. What is done at a book club, or what you may do in your spare time in a library
4. a feeling of enthusiasm you get from someone or something, that gives you new and creative ideas
6. using your vocal cords to match up with a song

Word Bank

motivation   happiness   emotions   inspiration   exploring

friends   celebration   singing   reading   socializing

Habit #3

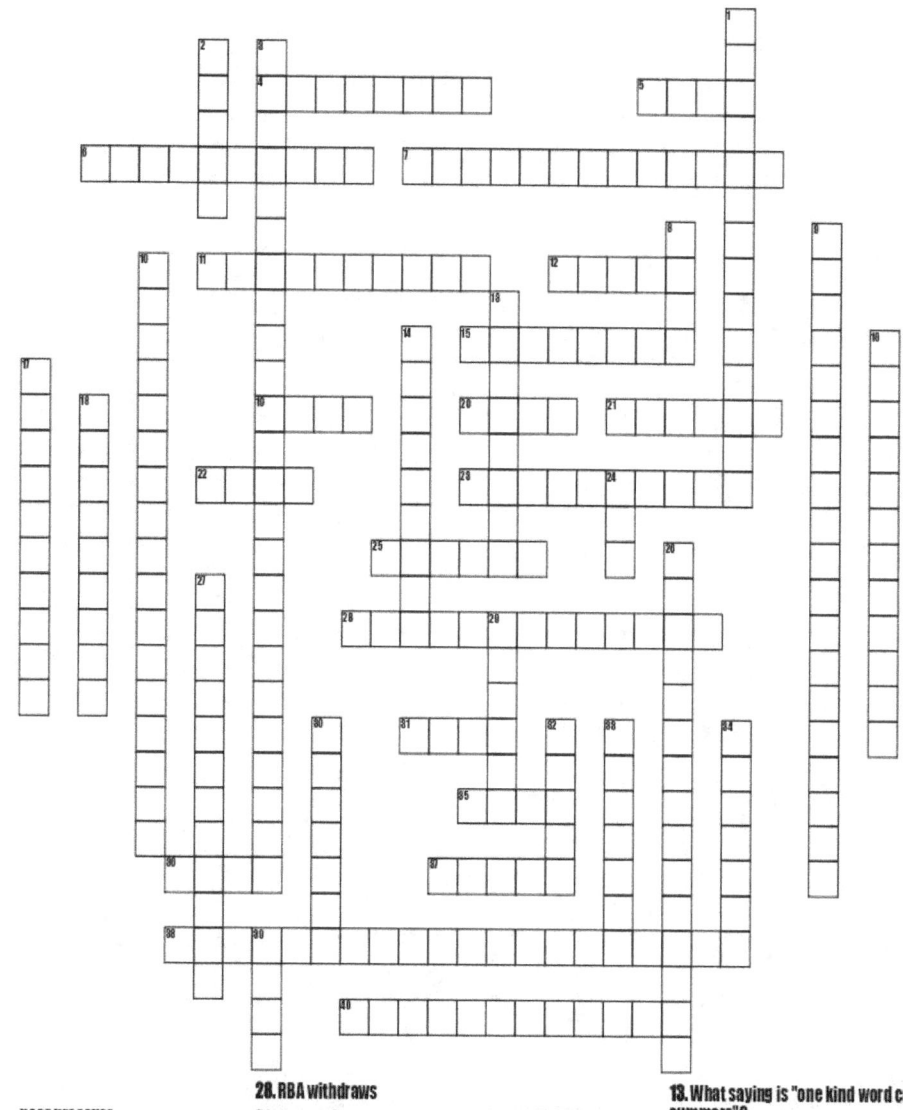

Across

4. you need to _____ peer pressure
5. Acting in the _____ of fear
6. RBA withdraws
7. people _____ to get out of things they dont want to do
11. RBA withdraws
12. The most inportant thing is to be _____
15. RBA deposit
19. Your confort zone is _____ free
20. be strong during _____ moments
21. follow the _____ rule
22. _____ is what holds you back
23. the most inportment thing is _____ _____
25. RBA deposit

28. RBA withdraws
31. you need to _____ out of your confort zone
35. never let your _____ make up your decision
36. Never _____ into purepressure
37. people tend to _____ time
38. RBA withdraws
40. People really open up if you _____ _____

Down

1. RBA withdraws
2. Doing _____ acts of kindness can make someones day
3. RBA withdraws
8. work first _____ later
9. RBA deposit
10. RBA deposit

13. What saying is "one kind word can warm three summers"?
14. People like it if you _____ for your action
16. What did you learn in habbit 1,2,3
17. What is the commen ingredient to success?
18. you need to put _____ things first
24. If your _____ with your parnets You need to rebuild it
26. What is the RBA like
27. RBA deposit
29. _____ are the biggest influencers
30. RBA deposit
32. What is the hardest habit our of all 7
33. Your _____ zone represents what your familiar with
34. loyal people keep _____
39. winning means rising each time you _____

Word Bank

Dont listen	Fall	face	small	waste
risk	Gossip and break confidence	Set clear explanation	secrets	checking account
Do small kind of acts	say sorry	overcome	Discipline	RBA
keep to your self	Be arragent	Confort	Break Promises	important
give	Set false expectations	hard	fear	golden
listen	loyal	fear	Japanese	Be loyal
apologize	pay attention	keep promises	three	be yourself
step	personal bank	people	procrastinate	play

Personal Development

```
R F P O P Q A F D E C N E T E P M O C S S H C S
E E W G N I N I A R T X C I E Q L X S L A E Y N
N Q F O N A G L S E T S M X I L A R J A F A A O
M Z H L E V L L N V R P M G T C O E Z S E L R I
S K N K E Y N L Z O L K B N G Q G U K I G T Z S
T U C T B C E E L V I E D W Q C N F V A U H F I
E O C H L G T I R F E S C V M E W Z J R A A J V
G R E O E Q S I P P W M S N Z A O P J P R N F R
R K A I M U F O O T I M V A E O Y F R P D D A E
A E N C L M D S Q N A U X S P I A Z R A I S M P
T C O S R Q I I O N O M B E F M R Q W H N A I U
T I I R J O W S A I G N G U B D O E Z J G F L S
R T T O G Z F G S Z E A P G W Q V C P C J E Y V
A C A W O A E S H I R C I A R E O B C X A T I T
M A C N I R F N L U O H B E S B M E A L E Y V N
S R I B S V J H O L D N A L U T L A N R E T X E
H P N E C U G C N I I H G L I W P D Y Q A D Y M
G F U L D Y W V U N G K U O X Y M R D L T X N T
I O M I D C G V F T Y U S C S J R W A T D L X I
I S M E I K I Y H E V C F B Y Q T Z E C N V K M
U E O F R Y V A S R E S R D H Q U A L I T Y E M
H D C Q V A T T S N X X D K I D M U B D Y I H O
R O A W B H C W Z A N O I S S E R G O R P Z C C
R C W W Q G Z Q M L M U C D V Q D L G B O T J E
```

Reflection on past practice
Skills for Care
Safeguarding
Competence
Colleagues
Experience
External
Own Goal
Family

Health and Safety
Communication
Supervisions
Compassion
Own Belief
Appraisals
Internal
Courage
Care

Codes of Practice
Smart Targets
Progression
Commitment
Commission
Managers
Training
Quality
CQC

Personal Development

Across

1. The ability to think ahead

2. Coming from within

6. Doing the right thing even when it may be hard

9. Being in charge of yourself

10. The reason you choose to do something

11. Anything that affects your thoughts/behaviors

13. Considering the consequences of your choices

14. Allowing others the freedom of choosing their own behaviors/beliefs

15. Coming from outside yourself

Down

3. A choice you made up your mind about

4. Learning about yourself

5. Freedom; Self-sufficient

7. Responding to situations appropriately

8. Being polite & showing regard for others

12. Information received from others about yourself

Self-Sacrificing Love

```
Z F U N Y P K V D J U Y O J U P S I Y P N Q Z G
J H T I A F U C K J C H R I S T R K H Z S C M D
R E J S J S O I Q V L C P P A V B I S X U O Q B
T H H H I R V C O T O I G U F H K J N F E E E N
W C H O K W K Z X G R H N D F Q R V Z T P V N F
V D J S V A V G Y N T L K E E V P G B Q E K D A
H U F G O A X N M E N P C F C J A X X Q V N I S
E B M A G K H E C Z O P E F T U T V T I M J S Z
R B G X Z S L N S A C Q Q U I J I O U A E Q S E
Y I X J G Z S S O H F F V P O L E F S S W N G K
Y I E A L P E E T C L J E T N M N J U H Y E N S
O A T B U N E H N K E T C E V V C S G I D R I G
M S L Y I B O A E D S D N G T I E Y R N I D H N
Y B D P S D X O C F N U B T U E B L H W I Z T I
X L P H K H G T L E O I G O H M I V D N I K L H
I A P B J T N E I T A P K N R F Q Y J W G L L T
H L M L E U Q X R Y S S E N E V I G R O F W A L
Z E G O O D N E S S A M I L D N E S S P S N S L
G K M C T E U U W A X D O E S N O T B R A G E A
G J Y L M C O N T E N T M E N T B U X K L R R S
R E J O I C E S W I T H T R U T H L D R M J U E
S O C Z C J E S W N L F H P N G O K M Q O C D P
X G I Q Z G G O Z M Q C K U K V C E T J J N N O
X P N N Y N T M D Z R X F X E K U C H T R D E H
```

REJOICES WITH TRUTH   ENDURES ALL THINGS   NOT GET PUFFED UP
HOPES ALL THINGS   DOES NOT BRAG   SELF CONTROL
CONTENTMENT   FORGIVENESS   AFFECTION
HAPPINESS   MILDNESS   GOODNESS
KINDNESS   PATIENCE   INTENSE
JEHOVAH   PATIENT   CHRIST
JESUS   FAITH   PEACE
LOVE   KIND   JOY

Self Love

1. LYPRINOSEAT _____

2. FSEL ESEEMT _____

3. VMTOIONATI _____

4. EFSL IGEAM _____

5. SNWSEAKESE _____

6. THERSGNST _____

7. LIAOTETPN _____

8. SOIEONMT _____

9. GNCINHGA _____

10. NIIDTYTE _____

11. VIORPME _____

12. TTLNSEA _____

13. LUSTFA _____

14. FSGIT _____

15. SLAGO _____

16. IAGEM _____

17. VELO _____

18. GDO _____

MANDALA
COLORING

Inspiration

Imagination

Positivity

Happiness

Hard-work

Motivate

Inspire

Success

Passion

Ability

Victory

Achieve

Talent

Dreams

Love

Life

```
J Y C D S Q X B M G L Y K W S K V I R O B B Z A
W M M Q C P E A Z Z H Q A A O G T A S Y W U X R
L U I S K M A P A S S I O N K U N A H C Z I M U
O G M D E T N J O F L Q G P Q U L I F E T M O A
V M A Y W W N D T V G N T C E S O S D K B O J E
E H G M A J T R J B D Q V H A R D W O R K C A F
X T I H C L R C I W C I E P A G D K J Y P G S U
Q Z N M H Q X E G X I T D F M O T I V A T E U B
J O A E I Z U I O S C Z T P R E E V F M A I C H
J S T R E V Y Y T V C R R W Z Z H Z Z A C H C C
H I I F V E Q M A C A F C Q J K A S W C V P E Z
L E O U E G C X A F C H N G I F P D U X V W S G
X C N X M O A H G A A Q M X Q I P M G P U K S S
V M Q P U D S D B D W T S A A V I M B F E F Z L
C Y G O H Q J D R E A M S H A P N D S R U R K V
S L Y S N L Q K T T F R F B B U E J K F C C F I
T A F I S Y Y H F D B S A N I L S B C X D O A P
U Y V T I O Y L Y G G E C Z L V S V F A Y R R Y
T M V I N R F U H N B G E E I B E D E H H O X S
G K X V N A Q S R K B P C C T U J B D O J D U W
A E G I I N S P I R E O G F Y S H L Q F R P H C
O E Z T I P A H L P E L Z Y F Q E U H S V T N Q
T S B Y W I T A L E N T Y U J G P B G Z N N I C
G V I C T O R Y N N L Z Z P O R N T S A N F T W
```

Inspirational movie

```
E I C O M P E T I T I O N Z W T F L N D D C S
R G L N R S O U L S U R F E R I J D Y E I P H X
D N Y U L J W T L E M G O Z G Q S Z H Z G G U Y
A U Q Q T H K U Z Y F Z D R M F Q G R A R Q H P
E Q D Y P A U K F S U D P O A I Z H A X W W D T
R U Q V C O C Y X R S Y A N Z N S Y M M R A R E
B U C Y Y Q N S Z O D P E K X F G S I J G C I W
A I R Y W A D W K T N A B T A C H E I J U G P I
N M J K H N R N S C E R U I U O B R J O D P L M
A H C T B U B V V O I H T T S L W L R U N G S I
N Z E W V J O O D D R H O P W P Q E K X I P A N
A B E T I M J T W P F T I M K N H P V L L C W E
B L C I Y C X Q R K Y T E G S P M V S E P W E U
U J B F W N A T Q Y A I V J R V F K H S K W D I
M U L E S E B S D L S U R F B O A R D K A R Z K
Q B L Q A L R R H N K C V F S S H M G H G J L G
M W Q A P C S V E Z P B C V A Z S H J W B E U A
W W L I Y I H P N O X P X V Z S Y A W A T E R D
A S N B C C X F P O S I O X Z T L P U T E F F V
D C V S N X E P S K N C Q Q I R J J F M B S K O
I E A W H D Y V R Y H T R S C L K D E P O H F N
S X I S O L Y A O X S U W P P X L P Q R A R X D
R F E X I V H A S L Q R N R D T L O A R K C H T
K A V L M S M U Z O O E E I R Z K K Z B I S X T
```

orange juice   banana bread   Competition   soul surfer

Surfboard   hospital   picture   mission

Friends   doctors   bethany   hawaii

sharks   night   water   faith

beach   help   hope   love

try

WE STICK TOGETHER

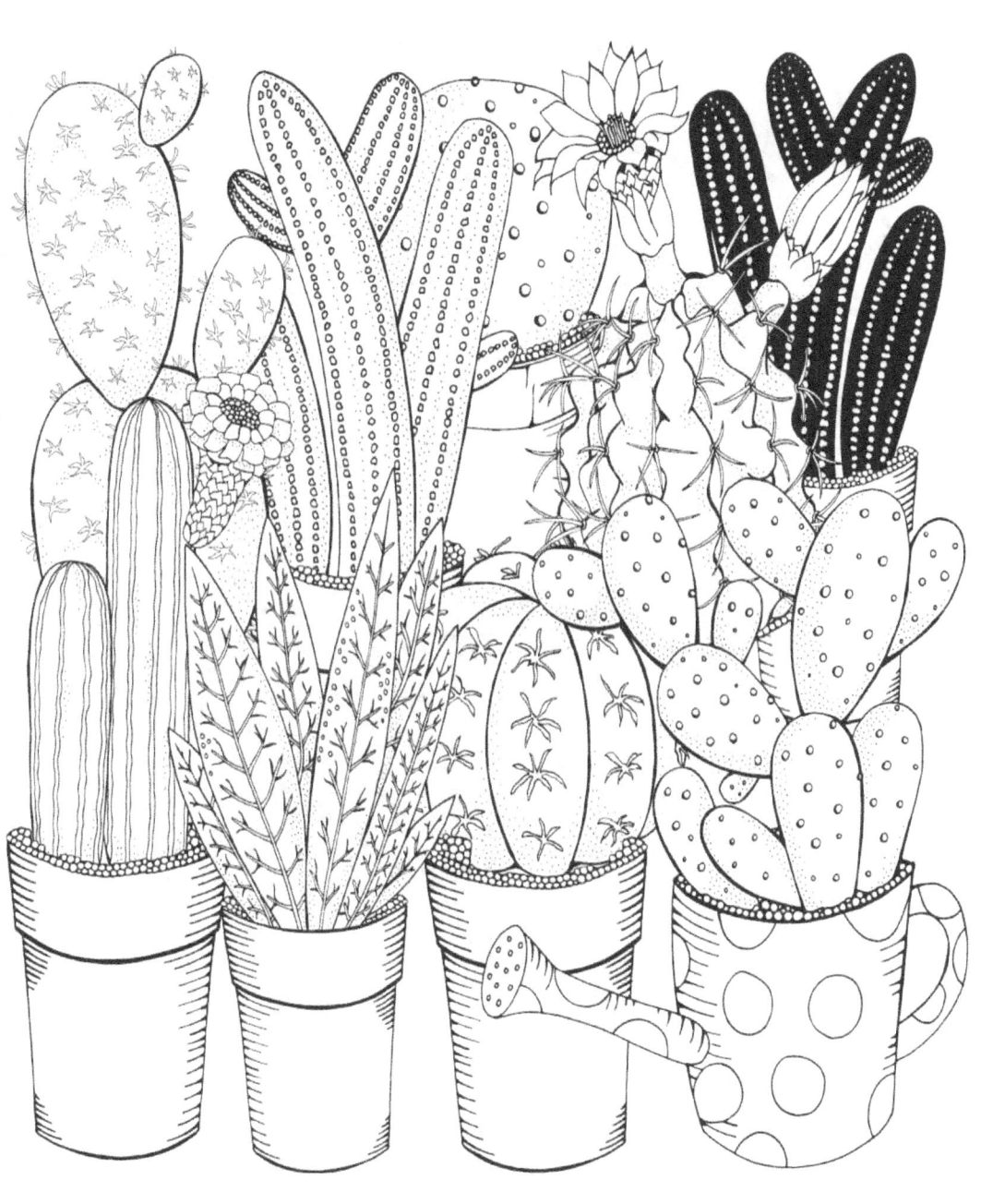

Be Creative

ANSWER KEYS

HOW CAN I PRACTICE MORE SELF LOVE?

WRITE A LOVE LETTER

DRINK MORE WATER

SELF PLEASURE

GET IN NATURE

ROLL A JOINT

SET A GOAL

MEDITATE

BREATHE

GROOVE

PRAY

```
S L Y J T K L P H D H E U K A D Q B K U G V Q M
V O B Z M F J E T Y W K F S Z W R P F O L X J K
V B A I I Y W A E R M P U E R D Y R N Z Q L D C
Z M T D Q P S O B O O M L L O E R Z R L P I D V
N U H U K V D X G L E H N F B H X Y F Z E Q R A
W Z L N S W F E E L J L O P M I B J I M D V I P
R Q H A N A N B T A F J J L G H H L C C A K N N
N X J S M M G P I J R N O E W O L A K T O Q K U
R I H J N R R H N O K C L A R R T J W S M M M I
Y C L S F C O O N I Q O I S I N C N I E E H O L
P C S J U G O Y A N X M Y U T C X P N T A D Q R K
P D U U Q K V P T T T F E R E S H O O A I A E R
R J K R O M E H U I L H B E A A Y Z K G T T H W T
A J P Q X J I O R M C Q I K L X N O L O A A A E
Y R X Q I U T U E B X I D J O S Q F I A T Z T E
E K Q B R E A T H E U Z N T V O Z I C L E G E L
U A W Z A F U Q Y R H W Z M E L V U B Y A Z R F
F G M O E K R J W D N D U A L K N Z B G J S E G
G T S S O H I P G U P F H O E B Z I C G M V A G
B W G T N K V W H I D F Q C T O C Z H O O G I K
I V Z X F K X E G E W D Q F T M G E C Q D E X E
L A I H S E R N S B P F Q G E R Q G B H N A N Z
M O L U Q X W M A W A Q Q R O U X S M U V Z V
S J Q J P W W C E X L B I W X Z J E G R G D Z Q X
```

Self Love

Unstoppable	Confidence	Leadership
Beautiful	Self Love	Increase
Amazing	Believe	Blessed
Mindset	Release	Enough
Growth	Strong	Worthy
Faith	Loved	Push

Determined Inspirations

```
              1
              F
2
R O S A P A R K S        3
              E          J
         4               I
         H A D D I S H 5  M
              D        H  A
         6               B
         K I N G       E  B
              E        D  O
      7                Y  T
      K U S A M A      L  T
              E        A
   8                   M
   M          R        A
9                      R
C H A D W I C K        R
   L          U
10
E A R H A R T          R
   L          Y
   A
```

Across

2. This woman boarded a segregated Montogmery Alabama bus in 1955 and helped kick off the Civil Rights Movement in the U.S. (first and last name).

4. This American comedian grew up in foster care and suffered many early childhood hardships. This person gained fame for their role on The Carmichael Show and in the movie "Girls Trip." (Last name)

6. This famous horror author went on to be world renowned despite being rejected by several publishers. Works include "Thinner" and "Carrie." (last name)

7. This female, japanese painter has gained recognition while alive and continues to make famous works today. She is known for her use of dots and sculpture installations. She has battled sexism and mental illness in the art industry and perserves regardless (last name).

9. This talented actor was the lead in the 2018 film "Black Panther." This actor braved cancer and is nationally loved by so many (first name).

10. One of the most famous women who ever lived, this person was the first female pilot to fiy across the Atlantic (last name).

Down

1. Born in Zanzibar, this famous rock singer became legendary due despite facing language barriers in his early childhood. His music still lives on today and his net worth is said to be over 100 million dollars (first and last name)

3. Talented American baseball player that was born without his right hand (first and last name).

5. This person was an Austiran born American actress, known for inventing a frequency hopping technique that changed radio communication (first and last name)

8. This person wrote under a pseudonym to talk about girls' education in Afghanistan. A gunman boarded her school bus and shot her three times. She survived and became world renown advocating for women's education (first name)

Inspirational

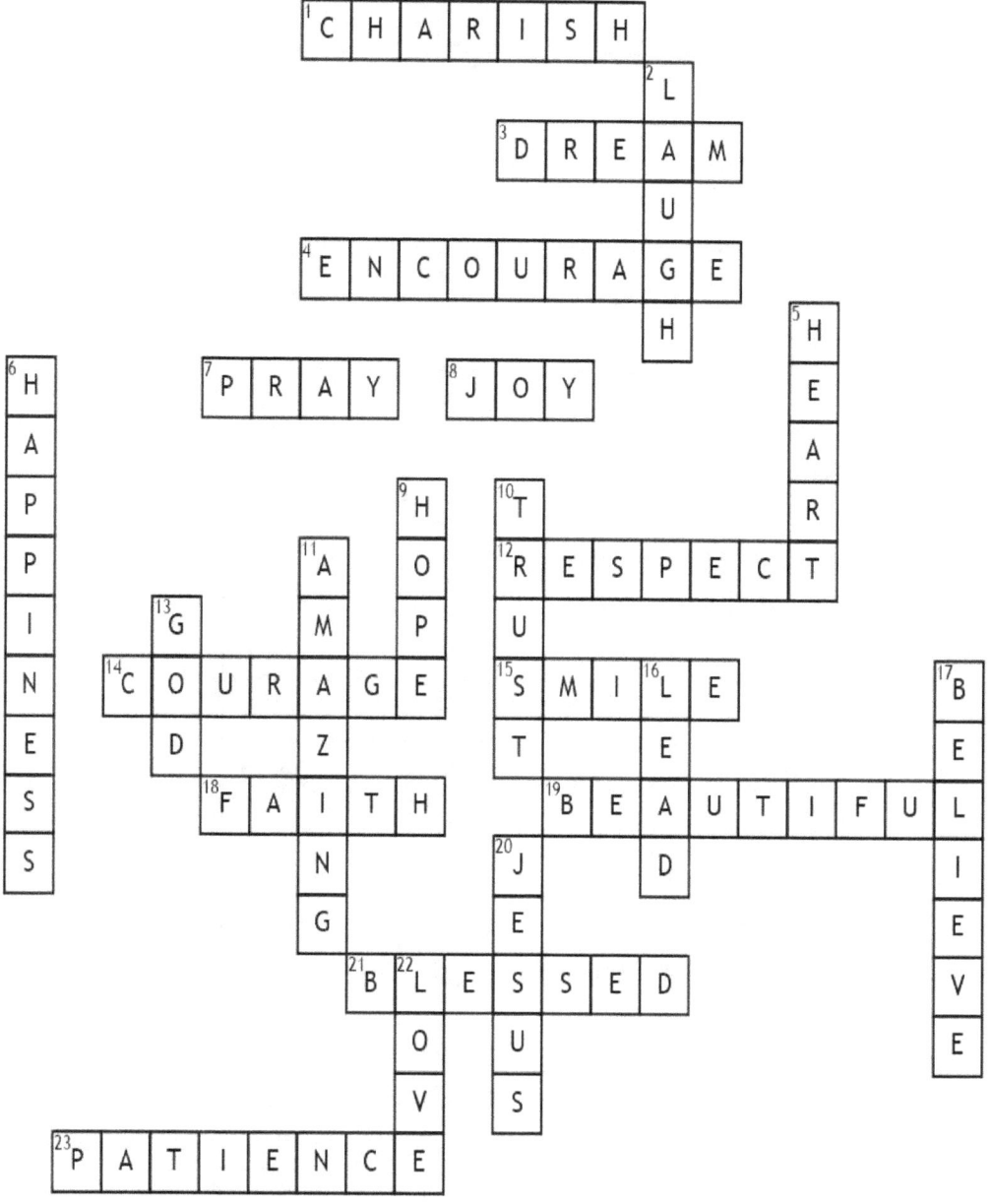

Across
1. Charish
3. Dream
4. Encourage
7. Pray
8. Joy
12. Respect
14. Courage
15. Smile
18. Faith
19. Beautiful
21. Blessed
23. Patience

Down
2. Laugh
5. Heart
6. Happiness
9. Hope
10. Trust
11. Amazing
13. God
16. Lead
17. Believe
20. Jesus
22. Love

Inspiration

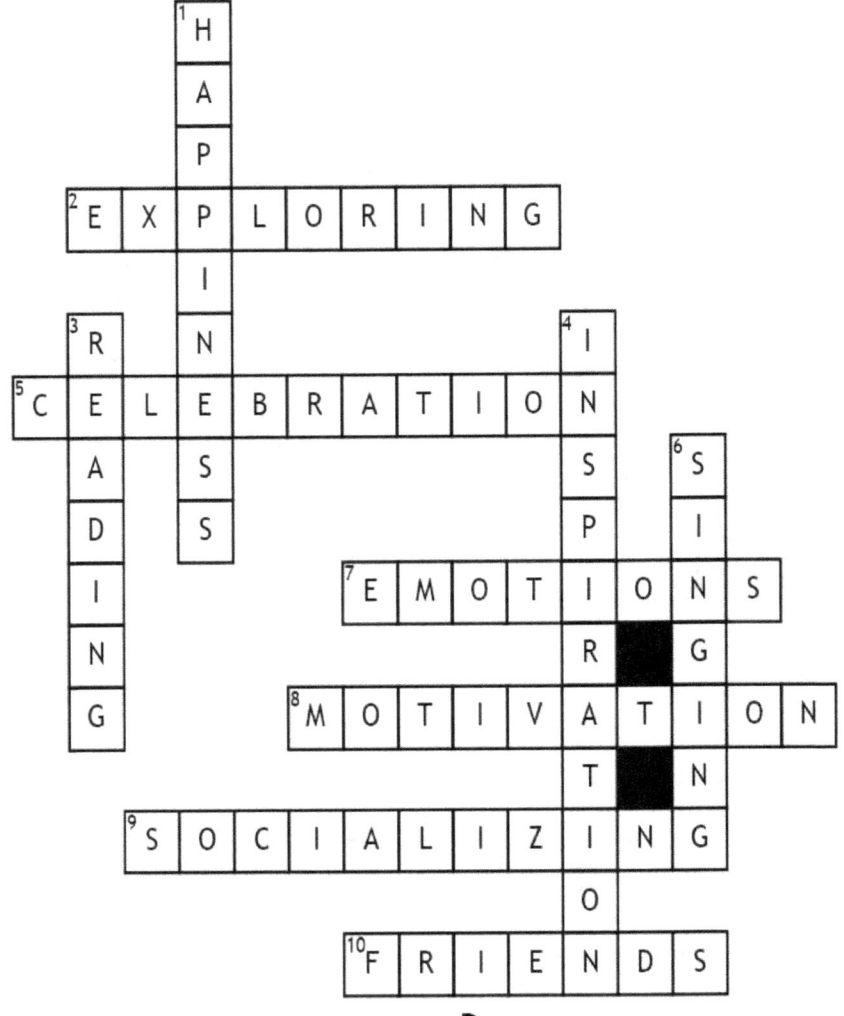

Across

2. trying something new
5. on holidays and birthdays this is done
7. Sad, happy, scared, fearful, nervous
8. the general desire or willingness of someone to do something
9. going for coffee, heading out for a drink, meeting up for a dinner
10. people who you are close to

Down

1. Smiles, Laughs, and good vibes
3. What is done at a book club, or what you may do in your spare time in a library
4. a feeling of enthusiasm you get from someone or something, that gives you new and creative ideas
6. using your vocal cords to match up with a song

Word Bank

emotions   friends   reading   celebration   inspiration

socializing   happiness   exploring   motivation   singing

Habit #3

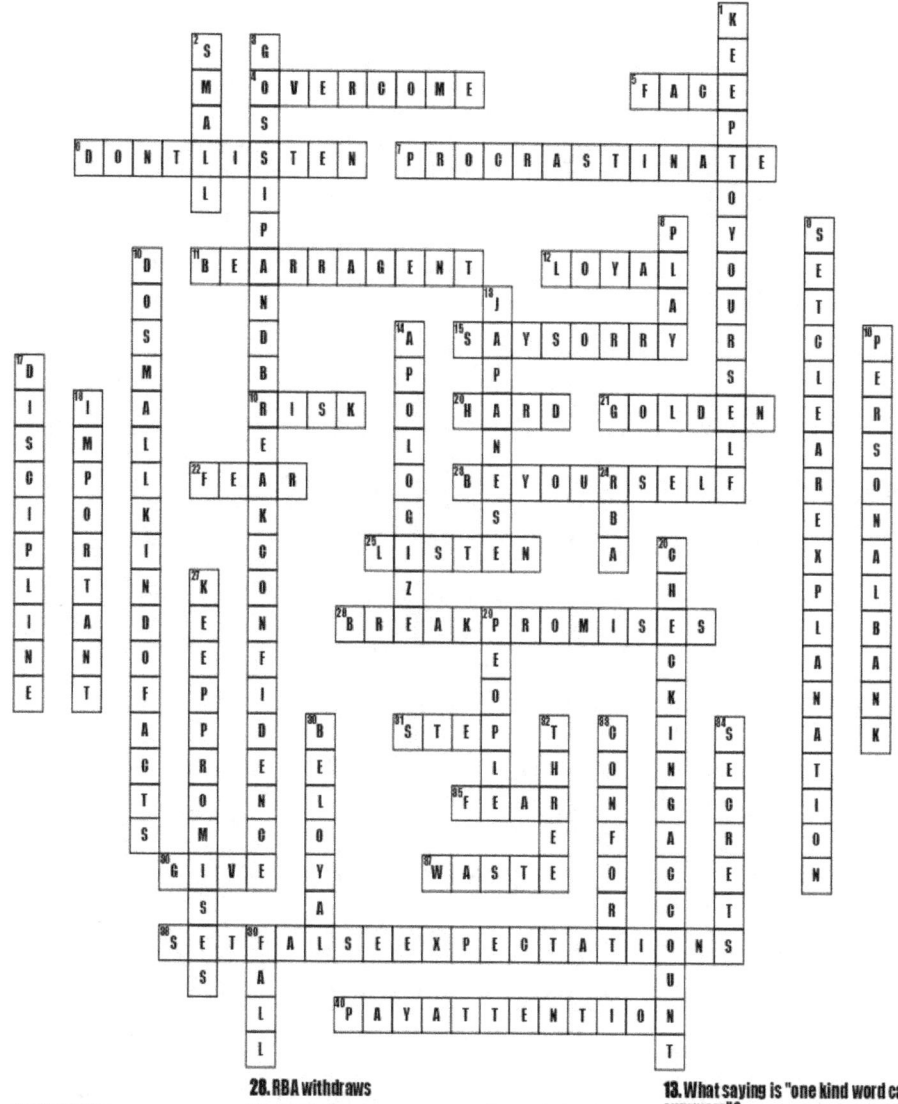

Across

4. you need to _____ peer pressure
5. Acting in the _____ of fear
6. RBA withdraws
7. people _____ to get out of things they dont want to do
11. RBA withdraws
12. The most inportant thing is to be _____
15. RBA deposit
19. Your confort zone is _____ free
20. be strong during _____ moments
21. follow the _____ rule
22. _____ is what holds you back
23. the most inportment thing is _____ _____
25. RBA deposit
28. RBA withdraws
31. you need to _____ out of your confort zone
35. never let your _____ make up your decision
36. Never _____ into purepressure
37. people tend to _____ time
38. RBA withdraws
40. People really open up if you _____ _____

Down

1. RBA withdraws
2. Doing _____ acts of kindness can make someones day
3. RBA withdraws
8. work first _____ later
9. RBA deposit
10. RBA deposit
13. What saying is "one kind word can warm three summers"?
14. People like it if you _____ for your action
16. What did you learn in habbit 1,2,3
17. What is the commen ingredient to success?
18. you need to put _____ things first
24. If your _____ with your parnets You need to rebuild it
26. What is the RBA like
27. RBA deposit
29. _____ are the biggest influencers
30. RBA deposit
32. What is the hardest habit our of all 7
33. Your _____ zone represents what your familiar with
34. loyal people keep _____
39. winning means rising each time you _____

Word Bank

Be arragent	Japanese	keep to your self	Be loyal	play
loyal	fear	procrastinate	Confort	Set false expectations
keep promises	people	personal bank	checking account	Break Promises
face	Discipline	Set clear explanation	pay attention	say sorry
Do small kind of acts	Dont listen	waste	fear	RBA
three	important	give	Gossip and break confidence	secrets
overcome	apologize	be yourself	Fall	small
step	listen	risk	golden	hard

Personal Development

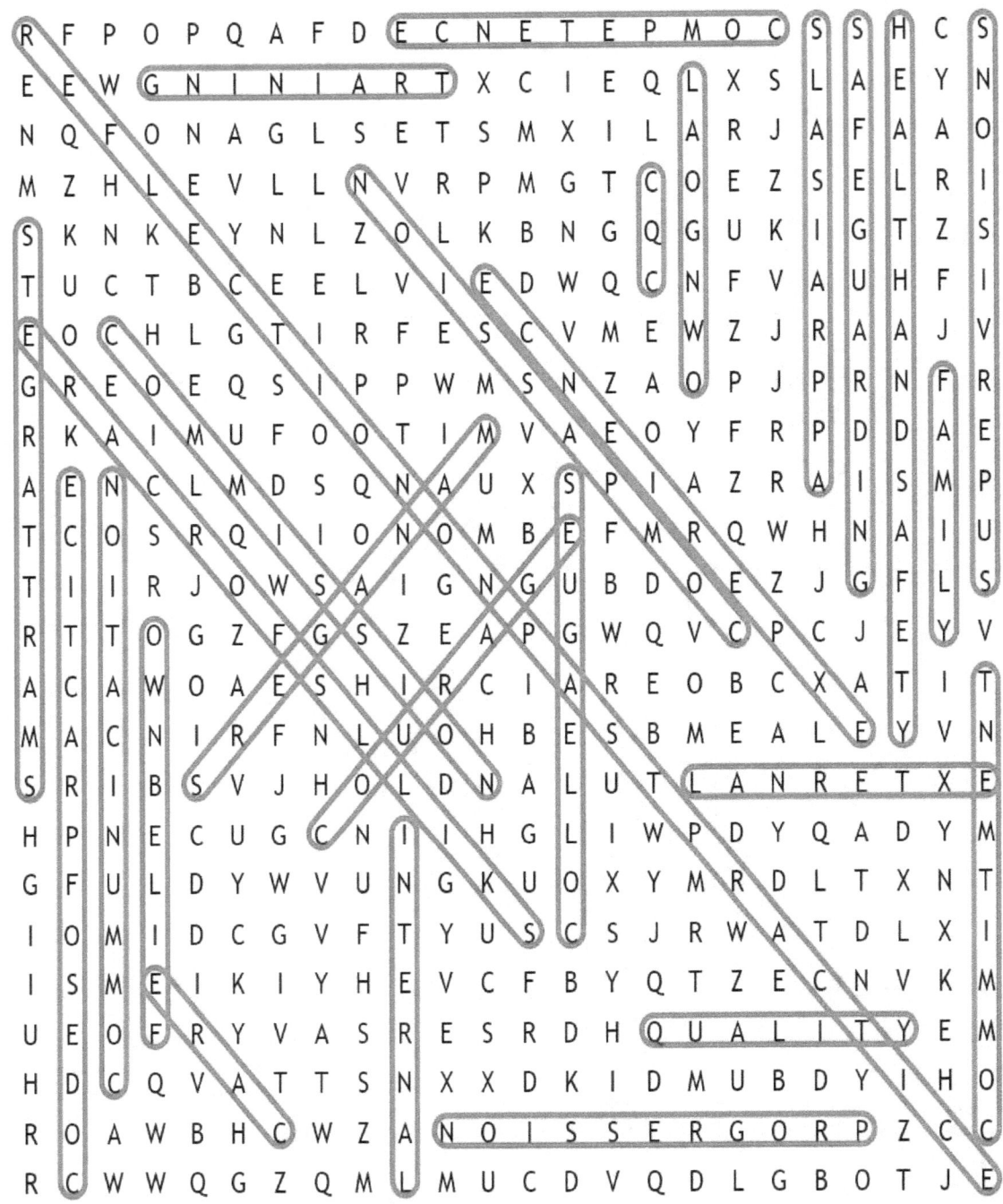

Reflection on past practice	Health and Safety	Codes of Practice
Skills for Care	Communication	Smart Targets
Safeguarding	Supervisions	Progression
Competence	Compassion	Commitment
Colleagues	Own Belief	Commission
Experience	Appraisals	Managers
External	Internal	Training
Own Goal	Courage	Quality
Family	Care	CQC

Personal Development

1. FORESIGHT
2. INTRINSIC
3. D (DECISION)
4. S (SELFDISCOVERY)
5. I (INDEPENDENCE)
6. RESPONSIBLE
7. M (MATURITY)
8. C (COURTEOUS)
9. SELFCONTROL
10. MOTIVATION
11. INFLUENCE
12. F (FEEDBACK)
13. GOODJUDGEMENT
14. TOLERANCE
15. EXTRINSIC

Across

1. The ability to think ahead

2. Coming from within

6. Doing the right thing even when it may be hard

9. Being in charge of yourself

10. The reason you choose to do something

11. Anything that affects your thoughts/behaviors

13. Considering the consequences of your choices

14. Allowing others the freedom of choosing their own behaviors/beliefs

15. Coming from outside yourself

Down

3. A choice you made up your mind about

4. Learning about yourself

5. Freedom; Self-sufficient

7. Responding to situations appropriately

8. Being polite & showing regard for others

12. Information received from others about yourself

Self-Sacrificing Love

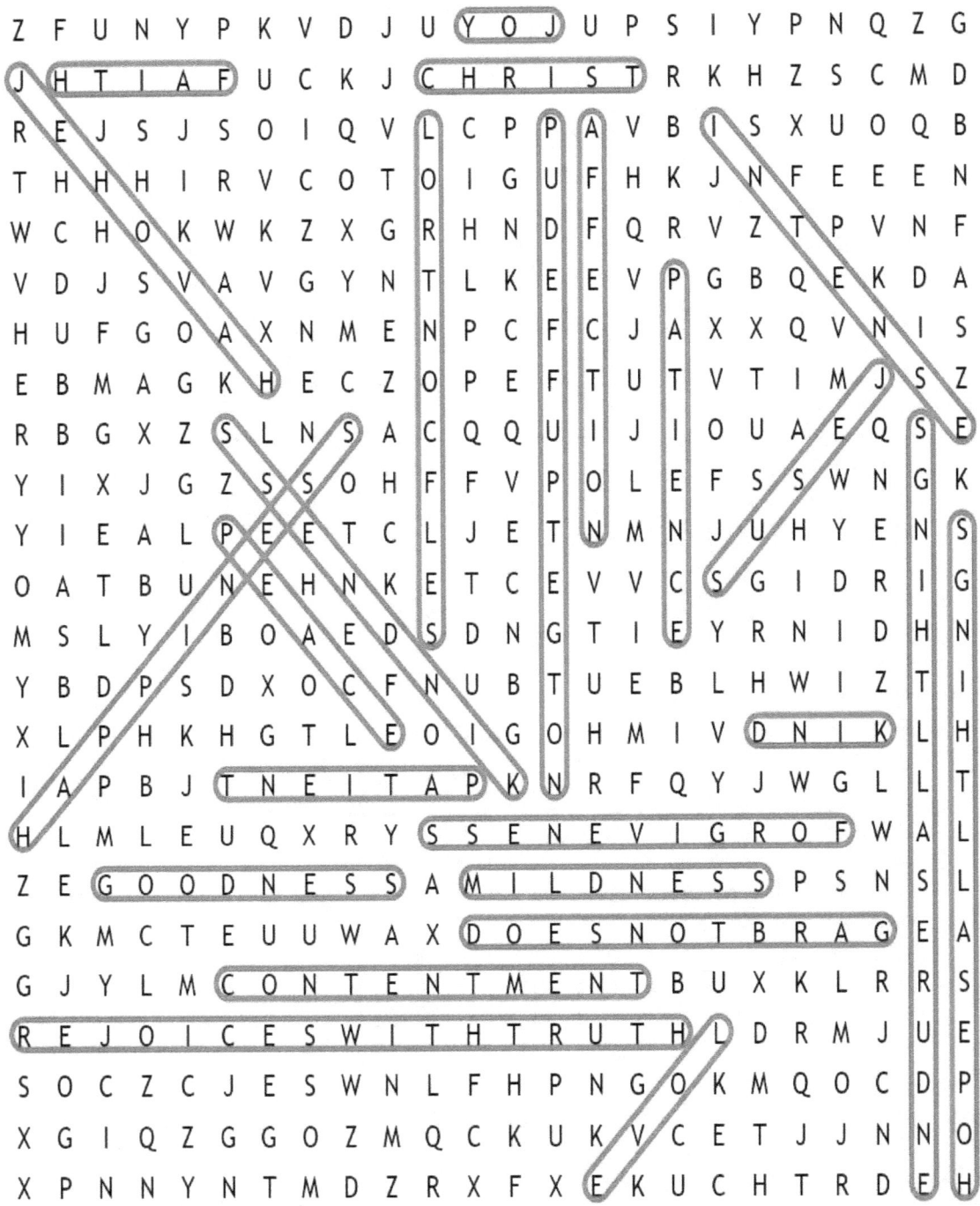

REJOICES WITH TRUTH
HOPES ALL THINGS
CONTENTMENT
HAPPINESS
KINDNESS
JEHOVAH
JESUS
LOVE

ENDURES ALL THINGS
DOES NOT BRAG
FORGIVENESS
MILDNESS
PATIENCE
PATIENT
FAITH
KIND

NOT GET PUFFED UP
SELF CONTROL
AFFECTION
GOODNESS
INTENSE
CHRIST
PEACE
JOY

Self Love

1. LYPRINOSEAT <u>personality</u>

2. FSEL ESEEMT <u>Self esteem</u>

3. VMTOIONATI <u>motivation</u>

4. EFSL IGEAM <u>self image</u>

5. SNWSEAKESE <u>weaknesses</u>

6. THERSGNST <u>strengths</u>

7. LIAOTETPN <u>potential</u>

8. SOIEONMT <u>emotions</u>

9. GNCINHGA <u>changing</u>

10. NIIDTYTE <u>identity</u>

11. VIORPME <u>imporve</u>

12. TTLNSEA <u>talents</u>

13. LUSTFA <u>faults</u>

14. FSGIT <u>gifts</u>

15. SLAGO <u>goals</u>

16. IAGEM <u>image</u>

17. VELO <u>Love</u>

18. GDO <u>god</u>

Inspiration

Imagination

Positivity

Happiness

Hard-work

Motivate

Inspire

Success

Passion

Ability

Victory

Achieve

Talent

Dreams

Love

Life

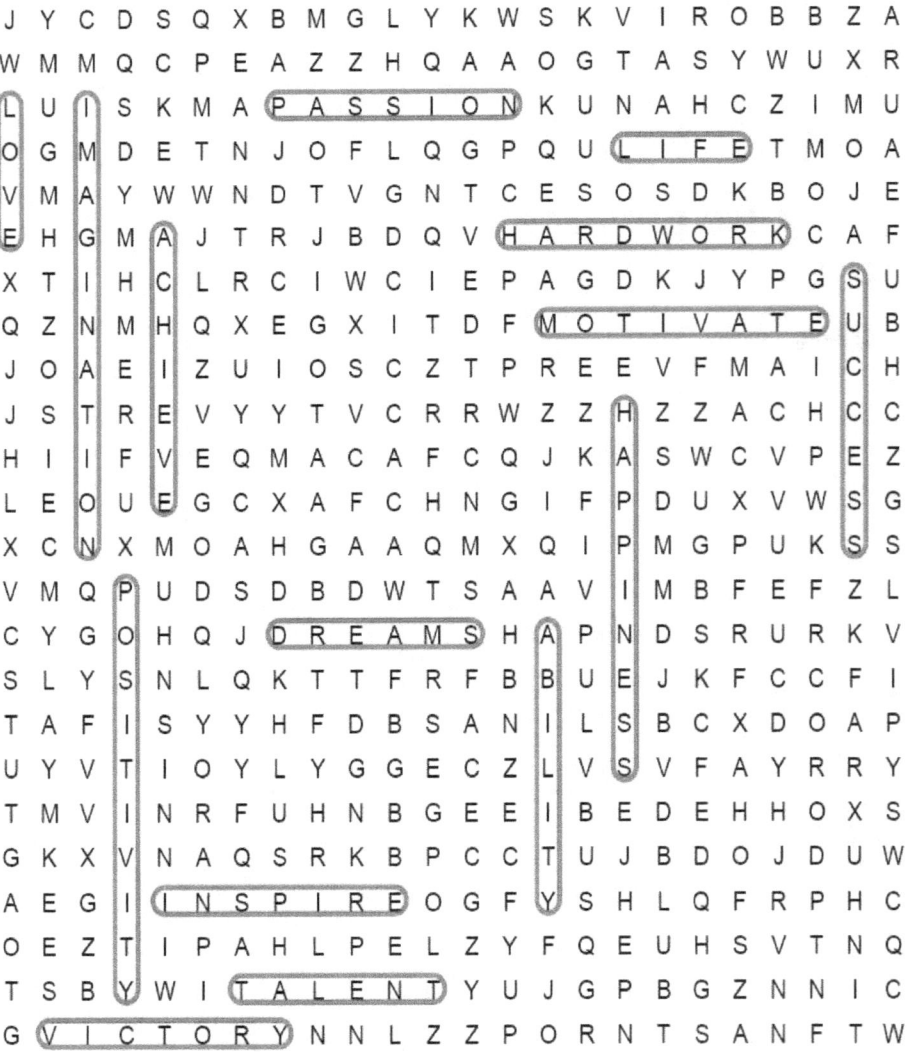

Inspirational movie

orange juice	banana bread	Competition	soul surfer
Surfboard	hospital	picture	mission
Friends	doctors	bethany	hawaii
sharks	night	water	faith
beach	help	hope	love
try			